AF311424

LA
QUESTION DES LOYERS

LA VILLE DE PARIS,
LE CRÉDIT FONCIER,
LES PROPRIÉTAIRES,
LES LOCATAIRES.

SOLUTION

SE VEND AU PROFIT DES BLESSÉS

PRIX : **30** CENTIMES

Vente en gros chez GAYET, libraire, 133, rue Montmartre

PARIS

IMPRIMERIE CENTRALE DES CHEMINS DE FER

A. CHAIX ET Cⁱᵉ

RUE BERGÈRE, 20, PRÈS DU BOULEVARD MONTMARTRE.

1870

LA

QUESTION DES LOYERS

———

Le décret qui autorise les locataires à différer le paiement du terme d'octobre est une de ces mesures que l'urgence peut excuser.

Mais ceux qui l'ont rendu seraient les premiers à en reconnaître le caractère transitoire et les conséquences dangereuses.

Ne récriminons pas. Les difficultés sont déjà bien assez grandes; celui qui s'exposerait à les aggraver encore serait un mauvais citoyen.

La situation nous domine : cherchons à atténuer nos pertes et à prévenir de plus grands désastres.

Le décret n'est pas une solution. En autorisant *tous* les locataires, *sans exception* et sans *explication*, à se refuser au paiement du terme d'octobre, il ajourne une difficulté inévitable, qui se représentera plus grande, plus pénible, le 15 janvier.

Le problème n'est pas résolu ; il est ajourné. A quel prix ?

Le 8 ou le 15 janvier, le propriétaire pourra-t-il exiger deux termes au lieu d'un?

Faudra-t-il demander au Gouvernement de la défense nationale un deuxième décret pour reporter la difficulté au terme d'avril ?

Prenons-y garde. Le temps est quelquefois l'usurier le plus dur et celui dont les services se paient le plus cher.

Que le décret soit renouvelé ou rapporté, le danger reste le même :

Ruine pour le propriétaire ;

Ruine pour le commerce ;

Pertes énormes pour les finances de l'État ;

Pertes énormes pour les finances municipales.

Rentrer dans le droit commun, sans précaution, sans secours au locataire actuellement insolvable, sans secours au propriétaire que le décret prive de toute ressource, ce serait une dérision.

Les locataires qui auraient pu payer le terme d'octobre ne pourront pas tous payer le terme de janvier ; ceux qui étaient déjà insolvables le seront bien davantage.

Supposons le décret rapporté. Quel parti le propriétaire pourrait-il prendre ?

Saisir ? A quoi bon ? C'est tout au plus si une saisie conservatoire est praticable ; tout au plus les huissiers oseraient-ils procéder à cet acte de pure précaution. Aller au delà, ce serait provoquer le désordre, peut-être l'émeute, et, à coup sûr, inutilement.

La saisie conservatoire est même inutile. Le locataire qui doit deux termes n'a aucun avantage à déguerpir. Ensuite, il ne suffit pas de *sortir* d'une maison ; il faut *entrer* dans une autre. Le propriétaire auquel s'adressera le locataire avant de déménager, n'acceptera pas le locataire, nouveau pour lui, sans avoir pris les renseignements d'usage. Quelle confiance accordera-t-il à un locataire qui doit deux termes ? Mieux vaut encore une non-valeur qu'un mauvais locataire, dont il n'est pas toujours facile de se débarrasser, même à prix d'argent (1).

Et le mobilier à emporter? Le propriétaire créancier de deux termes n'usera-t-il pas de son droit en retenant les meubles, garantie légale sur laquelle il a dû compter? Garantie qu'on ne peut lui enlever, au moins pour les termes échus, sans violer ce principe fondamental de notre législation : « La loi ne dispose que pour l'avenir ; elle n'a pas d'effet rétroactif » ?

La saisie-exécution est encore moins praticable que la saisie-gagerie. En effet, quel est son but? La vente des marchandises et des meubles; conséquence rigoureuse, devant laquelle le propriétaire recule presque toujours, même en temps ordinaire.

Aujourd'hui, à qui vendrait-on? Qui achèterait? Ceux qui ont de l'argent comptant le gardent pour acheter des vivres.

---

(1) Nous connaissons un propriétaire auquel son locataire devait déjà 18 mois de loyer (six termes) le 15 octobre. Ce locataire s'était empressé de quitter Paris, quelques jours avant le siége. Il a laissé quelques meubles sans valeur et emporté les clefs.

Le propriétaire a trouvé un autre locataire qui ne demande qu'à entrer et qui est disposé à payer, sans user du droit que lui donne le décret.

Mais ce propriétaire ne peut expulser le locataire absent. Il ne peut tirer aucun revenu de l'immeuble loué. Le voilà forcé à garder un locataire qui ne paie pas et il lui est défendu de prendre un locataire qui paierait. Nous ne parlerons pas de l'éclairage et des réparations exigées par les locataires qui refusent tout paiement. Il y a des propriétaires qui ont loué à de bons locataires et qui ne peuvent leur livrer les logements. Quand ils veulent renvoyer les mauvais payeurs même en leur donnant quittance, les maires les forcent à les garder par voie de réquisition.

Que vendrait-on ? Des marchandises ? Les magasins sont vides ; les boutiques se ferment. Au jour de la vente, l'huissier trouvera un comptoir, quelques chaises, une table… à peine de quoi solder les frais de justice.

En revanche, la vente, l'expulsion, la résiliation du bail, toutes les mesures rigoureuses provoqueront la faillite ou lui serviront de prétexte.

Voilà donc toute une série de désastres commerciaux ; car une faillite en amène d'autres. Les pertes amènent de nouvelles pertes.

Le propriétaire sera le premier frappé. Au lieu d'un locataire qui, dans un temps donné, aurait pu se relever et solder l'arriéré, il aura une boutique abandonnée, un étage vide, une non-valeur.

Quant aux appartements occupés par des citoyens non commerçants, les difficultés sont à peu près les mêmes.

Cependant le propriétaire ne doit pas être dépouillé.

Il ne peut pas attendre indéfiniment le prix de ses loyers.

Il faut qu'il paie l'impôt foncier (1), les contributions municipales, les réparations d'entretien, les frais de toutes sortes (concierge , éclairage , etc., etc.) et les intérêts de la dette hypothécaire.

Le capitaliste (ce titre n'indique pas toujours la richesse), le capitaliste qui a placé chez le propriétaire le fruit de son travail et de ses économies , a dû compter sur le re-

---

(1) Les percepteurs ont déjà envoyé des avis. Bientôt ils expédieront des contraintes. Nous assisterons à ce singulier spectacle ; le Gouvernement exigeant l'impôt, c'est-à-dire un *prélèvement sur le revenu*, tandis que lui-même il *supprime* le revenu ou en suspend la perception.

venu du capital garanti par la propriété immobilière. Lui aussi, il a des obligations à remplir ; lui aussi, il a des créanciers qu'il ne. paiera pas, si, lui-même, il n'est pas payé.

Nous avons indiqué, dans leur ensemble, les principales difficultés de la situation. Essayons d'en dresser le bilan sommaire. Une évaluation approximative suffira pour faire comprendre la nécessité d'un remède et pour faire apprécier l'efficacité de. celui que nous proposons.

On peut évaluer à environ 40,000 le nombre des propriétés bâties comprises dans l'enceinte continue des fortifications (1).

Estimons à 10,000 francs le revenu moyen de ces immeubles. Ce serait, en chiffres ronds, 400 millions par année ou 100 millions par trimestre.

La dispense de payer le terme des loyers d'octobre a donc arrêté une circulation de 100 millions.

Résultat déjà fâcheux pour le commerce et le travail. L'argent ne se déplace guère, sans donner lieu à des profits. En revanche, il ne s'arrête jamais sans donner lieu à des pertes. Les services qu'il rend sont toujours proportionnels à l'activité de la circulation. 500 francs déposés le matin dans une caisse et y demeurant immobiles jusqu'au soir, n'auront rendu aucun service pendant toute la journée. Un seul écu de 5 francs, employé le matin à un paiement quelconque et, passant entre cent mains diverses jusqu'au soir, aura servi à conclure et à

____

(1) Ces chiffres sont approximatifs. Il ne s'agit que d'une discussion de principes. Un écart quelconque entre notre approximation et les chiffres réels n'enlèverait donc rien à la valeur de nos raisonnements, ni à l'efficacité des moyens que nous proposons.

solder pour 500 francs d'affaires. Ces 500 francs d'affaires auxquels un seul écu de 5 francs aura servi d'instrument donneront lieu à des bénéfices qui augmenteront d'autant la fortune publique.

Ainsi, le non paiement du terme d'octobre a dû fatalement arrêter des millions d'affaires. Les circonstances exceptionnelles ont pu nous rendre cette perte moins évidente ou moins sensible; mais elle n'en est pas moins réelle. Les classes laborieuses y ont perdu les commandes et les salaires que les propriétaires et les industriels n'ont pu leur faire gagner.

Revenons à la situation des propriétaires parisiens.

Outre les frais indiqués plus haut, les propriétaires doivent les intérêts de la dette hypothécaire et les annuités du Crédit foncier.

Le terme d'octobre ne leur a pas fourni de quoi payer les frais de concierge et d'éclairage.

Ils n'ont pu payer ni l'impôt foncier, ni les contributions municipales.

La ville de Paris déjà privée du revenu de son octroi n'a-t-elle pas un sérieux intérêt à voir ses habitants, — propriétaires et locataires, — sortir d'une situation si pénible?

Le Crédit foncier n'est-il pas intéressé à prévenir la ruine de ses débiteurs et la dépréciation générale des immeubles? Dépréciation qui diminue à la fois, et la valeur du gage pour les affaires conclues et la valeur du gage à offrir aux opérations futures? Question sérieuse; car la prospérité d'une compagnie financière diminue en raison directe des affaires. Or, le chiffre des affaires diminuera, pour le Crédit foncier, en raison directe de la dépréciation des immeubles.

Également menacés dans leurs intérêts, la ville de Paris, les propriétaires et le Crédit foncier doivent se prêter un mutuel appui.

Ces principes étant bien établis, voici les moyens que nous proposons pour résoudre la crise des loyers.

Nous divisons d'abord les locataires en trois catégories.

Dans la première, nous rangeons ceux qui peuvent payer immédiatement. Ils sont plus nombreux qu'on ne le penserait au premier abord.

Il y a des industries pour lesquelles la guerre est une occasion de bénéfices exceptionnels. Les rentiers de l'État, les porteurs d'obligations, ont touché leurs arrérages; les fonctionnaires publics, les employés, etc., etc., ont touché leurs traitements.

Ils pourraient donc payer leur terme. Beaucoup l'ont déjà soldé. Sans le décret, ils l'eussent payé tous.

Dans la deuxième catégorie, nous comprenons les locataires qui ne peuvent payer aujourd'hui, mais qui pourront payer plus tard; négociants ou industriels qui ont dû suspendre le cours de leurs affaires, propriétaires d'immeubles qui, ne demeurant pas dans leur propre maison, sont eux-mêmes locataires; propriétaires d'immeubles situés dans les départements, rentiers dont les capitaux sont placés hors de Paris ou même hors de France, gens de bonne volonté, dont le courage et les efforts doivent inspirer confiance et considération.

Enfin, dans la troisième catégorie, nous plaçons les locataires que les événements ont frappés dans leurs moyens d'existence, — ouvriers, petits industriels, auxquels la guerre a enlevé les instruments de leur travail et le débouché de leurs produits; travailleurs, dont les affaires allaient déjà mal avant la guerre ; commerçants auxquels la crise actuelle a donné le coup de grâce.

Pour ceux-là, il faut invoquer l'axiome : « A l'impossible » nul n'est tenu. » Les plus heureux, les plus honnêtes paieront tôt ou tard. Mais, disons-le franchement, ce sera l'exception.

A quel chiffre s'élève le total des loyers dus par ces locataires, tous insolvables quant à présent, et dont une partie laisse peu d'espoir quant à l'avenir? Evaluons approximativement cette statistique de la solvabilité.

Les loyers dus par les locataires immédiatement solvables (1re catégorie) représentent au moins le quart, soit pour les deux termes d'octobre 1870 et de janvier 1871, 50 millions. Evaluons au même chiffre les loyers de la 3e catégorie.

Restent 100 millions, au moins, représentant des débiteurs solvables, à condition qu'il leur sera accordé un délai plus ou moins long.

Il s'agit de trouver 150 millions, pour fournir à tous les locataires, sans distinction, le moyen de se libérer. Nous allons aborder la difficulté, tout en reconnaissant qu'elle est singulièrement compliquée par la présence des locataires insolvables dont la dette ne s'élève pas à beaucoup moins de 50 millions.

C'est ici que nous appelons l'intervention de la Ville et du Crédit foncier.

L'exemple d'une administration publique venant au secours des particuliers n'est pas sans précédents. Pour n'en citer qu'un seul, après la révolution de 1830, le Gouvernement prêta au commerce français 30 millions, somme considérable pour l'époque. La plus grande partie de ce capital fut remboursée en quelques années.

En 1830, c'étaient des écus, les écus de l'Etat mis à la disposition de tel ou tel négociant.

Aujourd'hui, il ne s'agit que d'un appel au crédit. Quoique sur une échelle plus large, l'opération sera moins onéreuse et au moins aussi utile.

Nous proposons à la Ville de créer des bons ou coupures d'obligations négociables qui circuleront dans le commerce, et seront librement acceptés comme une sorte de monnaie courante, sans qu'il soit besoin de leur attribuer cours forcé.

Ce papier aura pour garanties :

1º L'engagement et la signature des locataires ;

2º La caution de la Ville ;

3º Celle du Crédit foncier ;

4º Celle des propriétaires.

Pour établir les catégories de locataires, la Ville et le Crédit foncier désigneront, dans chaque quartier, un conseil composé de cinquante ou soixante citoyens.

Le locataire et le propriétaire se présentent devant le conseil. Le conseil se divise en comités; chaque comité est chargé d'examiner un certain nombre de demandes ; il prend ses informations, étudie la position des locataires qui sollicitent un délai ; il présente son rapport au conseil qui décide en assemblée générale.

Ces conseils une fois établis et le décret rapporté, tous les locataires qui seront solvables s'empresseront de payer. Aucun d'eux ne voudra s'exposer à l'humiliation d'un refus motivé.

Beaucoup de locataires donneront au moins des à-compte. C'est encore une diminution du passif.

Quant aux autres, ils seront admis à contracter un engagement dont le terme sera débattu et fixé. Ces billets négociables seront souscrits à l'ordre de la Ville. Quant au terme d'échéance, nous proposons un minimum de 6 mois, en réservant aux parties contractantes le droit de renouvellement, avec ou sans à-compte. Les engagements porteront intérêt à 5 0/0, à partir du 15 janvier 1871.

Contre ces engagements, la Ville délivrera des coupures d'obligations, de 25, 50, 100 francs, etc., etc. — Ces coupures obtiendront le même crédit que les obligations antérieures. Or, malgré le siége, les valeurs municipales n'ont presque rien perdu. Les obligations émises en 1865, au taux de 450 francs, étaient dernièrement cotées à 472. Celles de 1852, émises à 1,000 francs, se négocient à 1,250. On voit que la ville de Paris peut encore battre monnaie avec son crédit.

Les propriétaires accepteront donc, avec plaisir, un excellent papier, en paiement de leurs trimestres arriérés.

Outre la signature du locataire, la Ville pourra prendre une autre garantie. Elle se fera subroger au privilége que la loi accorde au propriétaire sur les meubles garnissant les lieux loués.

En cas de déménagement, et pour ne pas entraver les transactions ou les entreprises du locataire, la Ville pourra renoncer à son privilége, moyennant caution réelle ou personnelle, ou toute autre garantie dont l'administration municipale se réserverait l'appréciation.

Ainsi, les propriétaires retrouvent leurs revenus; ils paient les intérêts de leur dette hypothécaire et les semestres du Crédit foncier.

La propriété n'est plus menacée d'une expropriation générale qui amènerait la ruine pour les deux tiers des propriétaires et pour les deux tiers des créanciers.

L'État retrouve ses revenus. La rentrée de l'impôt redevient possible.

Le commerce reprend courage, la consommation et la production continuent.

Paris une fois débloqué, ce qui arrivera, nous l'espérons, dans un avenir prochain, les droits d'octroi et les autres recettes afflueront aux caisses de la Ville.

Voilà une face de la médaille.

Examinons le revers :

Nous arrivons à la liquidation. Le terme maximum est atteint.

Ce terme, nous le fixons provisoirement à trois ans. Ce serait aux parties intéressées à en débattre l'échéance.

Combien de locataires ayant manqué à leur engagement? Quelle est la somme des débiteurs absolument insolvables?

La Ville a émis pour 150 millions d'obligations. Il lui est dû 150 millions. Parmi les locataires véreux un certain nombre a pu se relever. Il y a les chances de gain, de commerce, d'héritage, etc., etc., dont il faut tenir compte. Cependant nous admettons que la catégorie des locataires insolvables ne soit pas diminuée. Malgré la reprise des affaires qu'il faut bien espérer d'ici à trois ans, malgré les chances favorables que l'avenir peut nous réserver, un tiers des locataires est demeuré absolument insolvable ; 50 millions doivent être passés par profits et pertes.

On voit que nous laissons une bien grande marge au passif ; on ne nous reprochera pas d'allonger le chapitre des illusions.

Cette perte n'est qu'apparente ; disons-le bien haut. Les 50 millions que l'on regarde comme sacrifiés ont été réellement dépensés de la manière la plus utile. La perte apparente est largement compensée par des bénéfices réels, par les impôts que l'État n'eût jamais reçus, par les contributions municipales que la Ville n'eût jamais encaissées ; enfin par la sécurité générale, par la reprise des affaires que la crise des loyers eût infailliblement enrayées.

Ces millions sacrifiés, en apparence, ont prévenu les conséquences inévitables des faillites qui auraient désolé le commerce parisien ; ils ont prévenu l'interruption du travail, la misère et les sacrifices qu'elle impose à l'assistance publique.

Enfin, pendant que les coupures d'obligations circulaient, la Ville avait à sa disposition les billets des locataires. Elle a pu les escompter et employer les fonds qu'elle se sera ainsi procurés. L'intérêt de 5 0/0, ajouté au capital des engagements souscrits par les locataires, compense, et au delà, les frais d'escompte.

A ce point de vue, les engagements des locataires insolvables auront encore rendu quelque service. La Ville aura pu les employer, comme un négociant qui, pressé d'argent, remet à son banquier des valeurs douteuses, sauf à les rembourser à l'échéance.

Elle aura donc eu à sa disposition 150 millions de bons d'obligations ou papiers d'engagement qu'elle aura pu mettre en circulation ou garder en portefeuille, selon les circonstances.

Enfin, nous arrivons à la dernière liquidation. La perte définitive ne peut dépasser 50 millions.

Cette évaluation est même très-exagérée. Elle suppose que, sur 40,000 propriétaires, il y en aurait 10,000 qui ne recevraient rien. Un pareil résultat nous semble d'une impossibilité évidente.

Cependant, admettons-le par hypothèse et comme limite extrême des pertes que l'on peut prévoir.

La perte serait répartie par portions égales entre les propriétaires, la Ville et le Crédit foncier.

Soit 16 millions 666,666 francs de perte à répartir entre les propriétaires, au *prorata* des sommes qu'ils auront reçues en coupures d'obligations.

Même perte à subir par le Crédit foncier :

Même perte à subir par la Ville.

Ce chiffre est exagéré, sans doute; mais en le prenant pour exact, c'est encore de l'argent bien employé. Il faut savoir se résigner à un sacrifice pour prévenir un désastre et conjurer une crise générale, un danger imminent.

Accélérer la reprise des affaires, diminuer le passif, échelonner ses pertes, régulariser les difficultés pour leur faire face; enfin éclairer une situation pleine d'embarras et d'obscurités, ce sont des avantages assez sérieux pour qu'on se résigne à quelques sacrifices.

Nous faisons appel à l'opinion, aux parties intéressées, aux administrateurs de la fortune publique. Que notre idée soit promptement mise à l'étude.

Aujourd'hui il est nécessaire de décider vite et de faire vite presque autant que de faire bien.

GRAND,

IMP. CENTRALE DES CHEMINS DE FER.—A. CHAIX ET Cⁱᵉ, RUE BERGÈRE, 20, A PARIS.—15924-0.

www.ingramcontent.com/pod-product-compliance
Ingram Content Group UK Ltd.
Pitfield, Milton Keynes, MK11 3LW, UK
UKHW021723090726
13657UKWH00005B/2442